QUI PASSERA

PAR

LE BOSPHORE?

ÉTUDE

Politique et Historique sur la Colonisation de Madagascar dans ses rapports avec la question d'Orient.

PAR

FIRMIN NÈGRE

« Quand Constantinople sera menacé,
« Alexandrie sera en péril.

« THIERS. »

Prix : 1 franc.

PARIS

IMPRIMERIE DE GEORGES KUGELMANN
13, rue du Helder, 13

1872

QUI PASSERA

PAR

LE BOSPHORE?

ÉTUDE

Politique et Historique sur la Colonisation de Madagascar
dans ses rapports avec la question d'Orient.

> « Quand Constantinople sera menacé
> « Alexandrie sera en péril.
>
> « THIERS. »

I

La Russie a obtenu, l'année dernière, la révision du traité de Paris de 1856, qui arrêtait sa domination sur la mer Noire ; la Prusse, victorieuse, assise depuis la paix sur notre frontière du nord, ne saurait se croire plus longtemps liée par celui de 1867 qui garantit la neutralité du Luxembourg, car le même esprit de conquête unit aujourd'hui ces deux nations dans une secrète alliance. Cet état politique fait naître de cruelles appréhensions pour l'avenir de la France, dont la parole généreuse s'éleva si sou-

(1) Notre première étude sur Madagascar parut le 3 décembre 1870, dans le journal *la Gironde*. Dans cette brochure, le cadre de ce travail a été élargi et le sujet mis en rapport avec les considérations nouvelles soulevées par le réveil de la politique orientale. — F. N.

vent au nom du faible et du droit oppprimés.

L'Angleterre, peu disposée à relever la menace faite à l'indépendance de la Turquie, de la Belgique et de la Hollande, laisse ouvert à la Russie le chemin de Constantinople : cette politique d'inaction la condamne à recueillir les fruits amers qu'elle n'a pas voulu détourner de la France. L'Autriche, oublieuse du traité de Prague, souvenir de sa dernière humiliation, sera forcée de s'incliner un jour devant le pavillon ennemi flottant sur les eaux du Danube et la nouvelle puissance des Slaves détachés de sa domination.

D'autres nations, abandonnant la politique de leur race, se montrent moins soucieuses de leur propre salut que du salut de leur autorité monarchique. Avec de telles dispositions, la politique envahissante de Pierre le Grand qui arracha à la Turquie, en 1696, le port d'Azof pour dominer sur la mer Noire, qui fit la guerre à la Suède, de 1700 à 1721, pour régner sur la mer Baltique, qui étendit jusqu'à l'extrême Orient le commerce que le czar actuel voudrait porter dans l'Inde par la Méditérranée, cette politique séculaire continue de suivre son cours inexorable, secondée merveilleusement par les desseins plus qu'ambitieux de la Prusse, alliée naturelle de tout acte de violence et d'usurpation.

Cependant, de grandes raisons d'intervenir existent pour toutes ces puissances ; jamais l'équilibre européen ne fut plus profondément troublé : la Pologne mutilée n'est plus une barrière contre le développement des forces septentrionales ; la mise en état de ses anciennes forteresses se poursuit vigoureusement, tandis que les proscriptions en Lithuanie et dans les provinces ruthéniennes continuent le système de Mourawieff ; les forces militaires de la Russie, déjà formidables, le seront encore bien davantage, si le plan d'organisation soumis par le ministre de la guerre reçoit exécution : dans ce projet, le service militaire est fixé à quinze ans et l'immunité de service par le rachat abolie. Les Russes étendent leur domination au sud du Caucase, à l'est de la mer Caspienne; ils relèvent et fortifient les arsenaux maritimes sur le littoral de la mer Noire; la colonisation de la Sibérie ajoute enfin aux ressources de leur vaste empire.

Le Danemark démembré n'est plus la sentinelle vigilante contribuant à la pondération des races slaves et germaniques; les anciens Etats de la Confédération du Sud, placés sous le sceptre du nouvel empereur d'Allemagne, ne seront plus que des jouets dans ses mains encore rougies de sang. Le préfet couronné qui s'appelle le roi de Bavière peut surtout mesurer la différence qui nous sépare de 1849, époque si rapprochée de nous, où le parlement de Francfort avait choisi le roi Louis Ier pour candidat à l'empire d'Allemagne en concurrence de Frédéric-Guillaume, dont il consent aujourd'hui à n'être que le féal sujet.

L'éloquence la plus applaudie protestant contre les vues annexionistes de la Prusse n'a pas retardé d'un seul jour la marche irrégulière des événements. La Turquie est fatalement condamdée à se débattre avec désespoir contre l'ogre dévorant de la Russie. Loin de la servir en aidant à l'armement de sa flotte par son crédit, à l'organisation du commandement militaire par ses hommes de mer, l'Angleterre a involontairement précipité sa ruine; car la Russie a retourné tous ces services contre sa victime en les faisant servir d'unique prétexte à la dénonciation du traité du 18-30 mars 1856 qui plaçait sous la garantie des grandes puissances la neutralité de la mer Noire.

La neutralité des mers et des petits Etats peut être une forme quelquefois heureuse d'équilibre et de sécurité entre puissances voisines; mais elle a l'inconvénient de gêner l'expansion réciproque de leur génie national, de comprimer la liberté, sans donner toujours une justification exacte de l'intérêt conservateur qui en impose le sacrifice ; elle est de plus une cause permanente d'intervention, et l'on sait quel abus en a fait le dernier Empire. La fédération des peuples basée sur les mêmes principes de gouvernement est seule capable d'apporter une solution pacifique dans les conflits qui ensanglantent l'Europe. Qu'elle se constitue sous le titre d'Etats-Unis d'Europe, rien de plus naturel puisque la démocratie s'inspire des institutions libres de l'Amérique ; ce qui fera sa vraie force, c'est la solidarité des mêmes intérêts tendant, par les mêmes moyens vers un même avenir. Ce but, nous ne pouvons espérer l'atteindre avec toutes les doctrines de nationalité qui nous divisent ; en effet, tant que les gouvernements dynastiques feront fléchir les principes inéluctables de droit naturel et les meilleurs préceptes d'économie politique et sociale devant des considérations secondaires de famille et d'intérêt particulier, rien de stable ne sera fondé, et tout nous condamne aux perpétuelles agitations qu'il plaira à la Russie de faire renaître. De plus, tant que le peuple souverain, libre dans ses comices, ne se fera pas justicier des empiétements du pouvoir, il méritera, à beaucoup d'égards, la responsabilité des calamités de la guerre.

L'éducation politique du peuple russe ne lui permet pas d'exercer encore un pareil droit ; peut-être le moment est-il proche où le courant civilisateur entraînera les soixante millions d'hommes, sans compter les provinces asiatiques, qui obéissent aveuglément à la volonté du czar. L'autorité civile et l'autorité religieuse confondues dans la personne d'un même souverain, en la revêtant d'un double caractère d'inviolabilité, consacrent le maintien du despotisme le plus absolu, puisque il pèse à la fois sur la liberté et la conscience des citoyens. C'est à dépouiller leur front du bandeau qui leur cache la tyrannie de cette souveraineté

royale et mystique que doit viser la démocratie
militante.

Aussi le fanatisme musulman n'a pas peu
contribué à la décadence de l'empire turc qui
faisait trembler l'Erope, il y dix siècles, en ré-
pandant partout ses janissaires. La Hongrie, la
Transylvanie, la Crimée, la Grèce, l'Algérie, les
principautés moldo-valaques, aujourd'hui réu-
nies en petit état autonome, se sont successivement détachées de la Turquie dont la population
décroît plus rapidement encore que son territoire. Plusieurs millions de mahométans sont
des Slaves qui n'ont embrassé jadis l'isla-
misme que pour se soustraire aux persécutions
des vainqueurs ; beaucoup d'entre eux sont plutôt tributaires que sujets du sultan. On a lu dans
une lettre rendue publique les choses favorables
que le devoir, autant que la vérité, obligeait
notre ancien ambassadeur de dire de la Turquie ;
mais qui croira que cette nation, livrée à ses propres forces puisse longtemps retarder l'accom-
plissement des destinées qui la menacent si, à
défaut de la France, l'Angleterre, l'Atriche et
l'Italie ne lui viennent en aide, Constantinople,
dans la position la plus belle et la plus avantageuse de l'univers, sera bientôt, pour la Russie,
la clé de la maison, suivant le langage réaliste
du comte de Bismark.

Nous ne craignons pas d'avancer que la France
eût été plus soucieuse de son honneur et plus
jalouse de sa signature, si la défense nationale
n'avait absorbé, à elle seule, toutes les forces
vives de la patrie. Il est inutile de parler ici de
nos malheurs. Nous acceptons notre destinée
présente ; mais notre foi en l'avenir de la France
glorieuse et républicaine est inébranlable. Ayant
subi toutes les formes de l'épreuve, elle connaît
aujourd'hi tous les héroïsmes ; elle peut suivre
encore dans la question orientale une politique
compatible avec les cruelles nécessités de l'heure
actuelle et les devoirs qui s'imposent invinci-
blement à quiconque porte le nom français avec

fierté et combat pour le salut et l'indépendance de son pays. Cette ligne politique, l'auteur de cette brochure l'aperçoit : 1° dans les froides réserves commandées par notre dignité au sujet des actes diplomatiques qui ont rendu obligatoire la revision des traités de 1856 ; 2° dans les garanties nouvelles, importantes, qu'il convient de donner à notre puissance coloniale.

La question d'Orient a changé quelquefois de caractère ; mais elle n'a jamais cessé d'intéresser l'équilibre européen tout entier. Depuis les luttes rivales du commencement de ce siècle entre le sultan Mahmoud et le pacha d'Egypte Méhémet-Ali, chaque grande nation a eu sa politique en cette question importante : la Russie veut étendre son empire sur la mer Noire et de là sur la Méditerranée, son ambition ne sera satisfaite que lorsque les navires russes partis des rivages de la Crimée reviendront au détroit de Behring en traversant les Indes. Pour faire autoriser la présence de sa flotte dans le Bosphore, elle n'a laissé échapper aucune occasion qui pût lui être favorable ; l'obéissance d'abord incertaine du pacha, plus tard ses divisions avec la Porte, enfin les luttes qui éclatèrent entre les deux rivaux et mirent la Turquie à deux doigts de sa perte, furent habilement exploitées. Depuis le rôle menaçant de puissance autocratique jusqu'à celui de protecteur désintéressé, la Russie a essayé tous les moyens pour influencer les décisions de la cour de Constantinople et acquérir le droit de la protéger ; il est certain même qu'elle y a réussi plusieurs fois, ce qui doit être pour elle un encouragement à persévérer dans sa politique consistant à entretenir les discordes entre le sultan et le vice-roi, et à attirer l'Angleterre en la séparant de la France au moyen de gages offerts à sa puissance coloniale.

Quand nous disons que cette politique de protection a réussi, nous n'avons besoin, pour le prouver, qu'à rappeler le traité du 8 juillet 1833 entre la Turquie et la Russie. Ce traité qui devait être tenu secret, mais qui perça les murs toujours fragiles des chancelleries, avait été arraché par le comte Orloff à la pusillanimité du sultan Mahmoud; il contenait un article additionnel portant obligation pour la Turquie de fermer aux bâtiments de toutes les nations étrangères le détroit des Dardanelles. De son côté, la Russie donnait sa protection et relevait généreusement le Grand-seigneur de la prestation de secours qu'il devait fournir d'après les principes de réciprocité du traité. Que le cabinet Gladstone-Granville, qui vient de seconder imprudemment les vues de la Russie en détruisant l'œuvre de notre dernière alliance, se souvienne du traité d'Unkiar-Skélessi!

Pendant ces dernières années, la politique anglaise s'est un peu rapprochée de la nôtre dans la question d'Orient; mais elle n'a jamais manifesté beaucoup de sympathie pour l'indépendance du gouvernement égyptien. L'Angleterre favorise Constantinople beaucoup plus qu'Alexandrie à cause de nous, d'abord, et aussi parce que le pacha s'est donné maintes fois le tort de doter l'Égypte, dont il acquit en 1841 la possession héréditaire, d'institutions et de règlements nuisibles à ses intérêts. Le firman du 24 décembre 1835 portant suppression du monopole des soies en Syrie, obtenu de la Sublime-Porte par les commerçants de la Grande-Bretagne, laquelle se déclarait, par l'organe de son ministère, assez puissante pour détruire jusqu'au dernier vestige le pouvoir de Méhémet-Ali et le renvoyer nu au désert, prouve assez les inquiétudes et le dépit de nos voisins au sujet de la sage et intelligente administration de l'Egypte. L'insurrection du Liban et des Druses, œuvre des agents de l'Angleterre, avait été hypocritement imaginée pour obtenir contre le vice-roi un autre firman de déchéance et empêcher ainsi que, dans ses mains, la Syrie devînt en état d'approvisionner l'Europe des denrées qui font la richesse de l'Inde. Il est certain, en effet, que lord Ponsonby avait envoyé des agents secrets soulever les populations de la Turquie d'Asie ; ces basses manœuvres arrachaient plus tard à l'indignation du commodore Charles Napier, commandant une division de l'escadre britannique, les paroles suivantes, prononcées le 17 août 1860 à la Chambre des Communes : « J'étais honteux pour mon pays et pour moi, du rôle que je jouais en Syrie. »

Enfin *le traité à quatre* signé par l'Angleterre, la Russie, l'Autriche et la Prusse, le 15 juillet 1840, sans le concours de la France, traité qualifié de *tromperie* par M. Thiers, nous a dès longtemps préparés à ce que nous devons attendre de la bonne foi de la diplomatie anglaise ; et, il faut bien le dire, ce souvenir rétrospectif que l'expédition de Crimée n'a pas effacé nous avait donné de tristes présages sur l'issue de la dernière conférence de Londres provoquée par une puissance qui croit aujourd'hui n'être plus géographiquement désintéressée dans la question.

En détachant des possessions de Méhémet-Ali les pachaliks de Tripoli, de Damas et d'Alep que la Porte était incapable d'administrer, le traité du 15 juillet jetait le défi à notre politique aussi loyale que conciliatrice. L'attitude que la France avait à prendre après ce traité fut une source d'indécisions dans les conseils de la monarchie ; elle détermina la retraite de M. Thiers. Cet homme d'Etat illustre avait dit dans sa réponse au *memorandum* de lord Palmerston : « Quand on aura poursuivi à quatre, sans nous et malgré nous, un but en soi mauvais, que du moins nous avons cru et déclaré tel ; quand on l'aura poursuivi par une alliance trop semblable à ces coalitions qui ont depuis cinquante ans ensanglanté l'Europe, croire qu'on retrouvera la France sans défiance, sans ressentiment d'une telle offense, c'est se faire de la fierté nationale une idée qu'elle n'a jamais donnée au monde. » Ces éloquentes paroles empruntent aux circonstances que nous traversons une actualité qui

frappe et nous éclaire, en même temps, sur la
volonté bien déterminée de nos voisins d'isoler
la France du concert européen dans le règlement définitif des questions orientales.

M. Guizot, que les ordonnances du 29 octobre
1840 élevèrent au ministère des affaires étrangères, résumait très bien les dispositions de ce
pays quand il disait de l'Angleterre : « Elle re-
doute la Russie à Constantinople ; la France
l'offusque en Egypte. » On peut définir cette politique jalouse : la politique de l'intérêt, comme
nous avons déjà appelé celle de la Russie : la
politique de la protection. Au cas où la Turquie
aurait été démembrée, l'Autriche aurait accepté
bien volontiers l'héritage de la Bosnie et de la
Servie ; mais elle craignait et elle craint encore
de voir la Russie maîtresse des bouches du Danube.

L'Angleterre, qui perdrait le plus à ce dé-
membrement, recevrait une satisfaction difficile,
surtout en violentant la France ; le protectorat
anglais sur Sinope et Trébizonde, par exemple,
n'empêcherait pas la ruine de sa marine.

La vieille formule de la politique française : « *ré-
génération de l'Orient par l'Orient* » explique les
efforts qu'il serait généreux de tenter pour faire
revivre l'antique civilisation égyptienne et sau-
ver la Syrie du fanatisme violent des Turcs par
une administration ferme et intelligente. C'est
dans la nécessité de sauvegarder des intérêts si
divers et parfois si contraires que résident les
premières difficultés de notre politique ; d'autres où les religions grecque et musulmane en-
trent comme élément, apportent des complications nouvelles dans cette question déjà si
complexe. Mais, comme l'équilibre européen,
s'il n'est pas un vain mot, a son vrai centre de
gravité à Constantinople, nous avons le devoir
de le défendre contre les convoitises de la Russie. Que la diplomatie française, s'inspirant des
leçons du passé, se souvienne de la fermeté du
maréchal Soult, écrivant dans une dépêche du

26 septembre 1839 : « Jamais, de notre aveu, une escadre de guerre ne paraîtra devant Constantinople sans que la nôtre s'y montre aussi... Nous resterons sur notre terrain ; ce ne sera pas notre faute si nous n'y trouvons plus ceux qui s'y étaient d'abord placés à côté de nous. » Déclaration énergique qui prouve en même trmps sur quel fondement fragile repose notre bonne foi quand elle se fie à la diplomatie anglaise.

L'Angleterre a paru tenir beaucoup à ce que la France fût représentée à la conférence de Londres ; l'absence de son représentant devait infirmer d'ailleurs le traité de revision qui ne porterait pas sa signature. Au fond, nous voulons douter de sa franchise ; car elle pouvait, le premier jour, contraindre la Prusse qui redoutait, non sans raison, d'associer la France à des débats où les principes de justice et d'humanité pouvaient bien recevoir enfin un éclatant triomphe. Quel a été le caractère réel de la mission d'Odo Russel à Versailles pendant le blocus de Paris ? Si notre représentation s'était imposée, à son heure, comme une nécessité, le ministre des affaires étrangères dont le jugement sûr éclaira si souvent, du haut de la tribune, à nos anciens gouvernants les sentiers périlleux de la politique étrangère, aurait su remplir ses devoirs devant l'attitude trop réservée des neutres ; et nul, mieux que lui, n'était capable de venger la conscience humaine des crimes de l'invasion de 1870. L'Angleterre ne l'a pas voulu. Notre représentation à la conférence a été trop tardive pour être efficace ; mais nous ne devons pas en concevoir trop d'affliction ; les événements militaires qui venaient de s'accomplir dans notre pays pouvaient amoindrir aux yeux des autres nations notre légitime autorité et voiler le rôle de notre représentant.

Dans la note adressée aux cours de Vienne, de Paris, de Saint-Petersbourg et de Berlin (août 1839) lord Palmerston avait exprimé l'avis que le refus d'une puissance ne devait pas être pour

les autres un motif de s'abstenir quand il s'agis-
sait de ramener à l'obéissance de la Porte le pacha révolté. L'intention de se séparer de la
France devint plus évidente que jamais lorsque
notre ambassadeur fut avisé qu'on travaillait à
Saint-Pétersbourg à ourdir les trames d'une
entente occulte entre l'Angleterre et la Russie.
Le chef du *foreing-office*, qui représentait la
politique anglaise, ne montra-t-il pas, par le
traité du 15 juillet 1840, la volonté préméditée
d'exclure la France des questions soulevées par
les guerres d'Orient ? Depuis, l'intérêt de l'Angleterre n'a pas changé ; partant, sa politique
reste la même.

Nous ne devrions pas oublier les leçons de
l'histoire contemporaine. Aux partisans obstinés
de l'alliance anglaise, qui craignent que l'isole-
ment de la France ne mette en péril notre influence dans la politique orientale, nous répon-
drons encore par cette considération historique
que le traité à quatre, loin de compromettre l'influence française, un instant tenue à l'écart, la
rendit, l'année suivante, plus nécessaire que jamais dans le règlement des questions internatio-
nales ; la convention des Détroits, du 13 juillet
1841, avait fait rentrer la France dans le concert
européen. L'Angleterre peut certainement avoir
besoin de nous ; mais son inaction égoïste et
calculée servirait mal ses desseins, si elle se flat-
tait secrètement de nous attirer à elle quand elle
n'a voulu consentir en notre faveur à aucun des
sacrifices qui auraient pu modifier subitement
les conditions de la grande lutte que nous avons
soutenue, pour défendre le sol sacré de la patrie.

Nous apprécions hautement les motifs politiques et moraux qui avaient déjà déterminé le
Conseil de la Défense nationale ; mais il ne nous
déplaît pas, nous l'avouons, d'avoir laissé à la
froide Albion la tâche de secouer la poudre des
anciens cahiers diplomatiques du congrès de
Paris, et de voir si, dans les arguments qu'elle a

exhumés, reproduits après quatorze ans, pour conjurer le même orage politique, la France d'aujourd'hui pèse moins que celle d'hier dans la balance des destinées de l'Europe.

Le traité de Londres du 13 février 1871 permet à la Sublime-Porte d'ouvrir les détroits du Bosphore et des Dardanelles aux flottes des *puissances amies, en temps de paix.* Des deux détroits, celui du Bosphore est celui dont la fermeture couvre Constantinople ; il n'a que trente kilomètres de longueur et l'on est en vue de la ville après l'avoir franchi. Si les nouvelles qui nous parviennent sont exactes, lord Stradfort peut se tenir prêt à renouveler son interpellation du mois de juillet dernier et à demander à lord Grandville ce qui aura été fait, sous son ministère, pour arrêter la réalisation des desseins de Catherine II.

II

La politique française en Orient réveille une question qui touche de très près à l'avenir colonial de notre pays : celle de nos droits sur la grande île de Madagascar. Le problème politique de la colonisation de cette île n'est pas encore résolu, mais sous tous les gouvernements de la France il a été, à un moment donné, à l'ordre du jour. Le gouvernement républicain l'agitera incontestablement, et nous croyons qu'il est aujourd'hui d'une saisissante actualité devant les menaces de la Russie et les intrigues à peine dissimulées du cabinet de Saint-James. La marine française peut et doit nous apporter le salut.

L'île de Madagascar, découverte par les Portugais en 1506, plus grande que l'Angleterre, et la plus grande des îles du globe après Bornéo, serait par sa situation géographique dans l'océan Indien, une puissante station militaire pour nos escadres sans abri depuis le cap de Bonne-Espérance jusqu'aux mers de la Chine et de l'Océanie. Le canal maritime de Suez, dont l'Angleterre marchande la propriété après nous avoir suscité dans le percement de l'isthme toute espèce d'entraves, met aujourd'hui la mer Rouge en communication avec la Méditerranée ; la route de l'Inde se trouve ainsi abrégée de quatre mille lieues pour les villes françaises du bassin méditerranéen, et Madagascar est placée sur la route des Indes et de l'Australie, au débouché de la mer Rouge. Les efforts insuffisants qu'on a faits pour assurer le respect de notre pavillon dans ces parages n'ont abouti qu'à exciter la rivalité de l'Angleterre, dont la politique intéressée et jalouse a cherché constamment à ruiner notre influence et notre commerce dans les colonies. Cette rivalité, qui dure encore, se fit particulièrement sentir en 1810. Cette année, les Anglais s'emparèrent de l'Ile-de-France, lui restituèrent son premier nom de Maurice et refusèrent de nous la rendre à la paix de Paris, en 1814.

Depuis que les navigateurs français sont entrés en relation avec les peuplades primitives de Madagascar, nos droits ont été respectés de toute l'Europe, conformément à ce principe de droit international qui confère la possession d'une terre nouvelle à la première nation qui y plante son pavillon. C'est absolument au même titre que l'Australie appartient à l'Angleterre et Java à la Hollande.

Le génie de Richelieu avait compris la nécessité de créer une marine. Il la demanda en 1626 à l'Assemblée des notables réunis aux Tuileries, l'obtint, et bientôt de grandes associations, soutenues par des priviléges considérables de la cour, rivalisèrent avec les Compagnies anglaises et hollandaises. Des armateurs rouennais avaient commencé dès 1624 la colonisation de la Guyane ; Lous XIII conféra, en 1642, à la Compagnie française de l'Orient, fondée par le capitaine Rigaut, de Dieppe, le privilége exclusif du commerce avec Madagascar et les îles adjacentes. Nos Compagnies des Indes occidentales et des Indes orientales furent formées en 1664. La dernière hérita des priviléges de la

Compagnie Rigaut et Louis XIV lui donna plus de six millions, sans compter tous les avantages qui lui furent faits par les princes et les grandes maisons qui s'intéressaient à ces établissements. Une colonie fut envoyée par son ordre à Madagascar; l'intolérance d'un missionnaire faillit compromettre ses premiers succès et la colonie ne dut son salut qu'à l'ascendant d'un héroïque aventurier, nommé Lacaze, qui s'était allié à une princesse malgache, et qui servit dans cette circonstance avec courage les véritables intérêts de la religion et de sa patrie. Les gouverneurs se succédèrent, privés de secours devenus plus nécessaires que jamais au moment où le grand roi usait toutes les ressources de la France dans les guerres du continent. Le commerce maritime, établi par Colbert, rendit florissantes nos colonies de la Martinique, de Saint-Domingue, du Canada, et prouvait que l'esprit de colonisation, contesté de nos jours aux Français, se trouve admirablement dans notre caractère, quand des institutions conformes à notre esprit et à nos mœurs secondent nos desseins. Pondichéry, dont les Hollandais s'étaient emparés en 1694, fut recouvrée en 1697, à la paix de Ryswick, et devint, sous la régence du duc d'Orléans, la rivale de Batavia.

Ce qui manquait au moment de la création de la Compagnie des Deux-Indes et de celle du Levant, c'était un commerce libre avec des établissements militaires au compte de l'Etat, protégeant les colons et les navigateurs au long cours. Le système des monopoles accordés à des Compagnies, corps privilégiés placés entre l'Etat et le citoyen, faisant des terres concédées de véritables bien féodaux et maintenant le prix des denrées artificiellement élevé pour enrichir les détenteurs des priviléges, était trop antipathique au génie de la nation française pour jouir longtemps du succès. La fortune rapide de la Compagnie hollandaise des Indes-Orientales avait ébloui tous les aventuriers dont la ruine devenait certaine dès que le gouvernement cessait de venir à leur secours. C'est aussi ce qui arriva à notre Compagnie des Indes-Orientales qui avait été négligée pendant la Fronde. Malgré l'appui de Colbert, qui avait été nommé président à vie de la Chambre des directeurs, elle fut obligée de liquider à perte et de faire retour de ses priviléges à la nation. Ce grand ministre fit, sans doute, beaucoup de sacrifices pour encourager les nouvelles Compagnies ; mais il appartenait à une époque plus pénétrée des vrais principes démocratiques de comprendre que la colonisation est l'unique base solide du commerce.

Nos droits sur la grande île africaine furent très explicitement énoncés dans l'acte de possession de la Compagnie Rigaut et dans l'édit du mois d'août 1664, relatif aux priviléges transmis à la Compagnie des Indes-Orientales. Voici la transcription littérale de l'article 29 de cet édit :

« Nous avons donné, concédé et octroyé, donnons, concédons et octoyons à la Compagnie des Indes-Orientales l'île de Madagascar ou Saint-Laurent, avec les îles circonvoisines, forts et habitations qui peuvent y avoir été construits par nos sujets, et, autant que besoin est, nous avons subrogé ladite Compagnie à celle ci-devant établie pour ladite île de Madagascar, pour en jouir par ladite Compagnie à perpétuité, en toute propriété, seigneurie et justice, etc....»

Un second édit confirmatif, du 1er juillet 1666, contenait cette déclaration :

« L'île de Madagascar, que nous avons concédée à la Compagnie des Indes-Orientales par notre déclaration du mois d'août 1664, aux conditions y mentionnées, comme nous étant le seul souverain qui y ait présentement des forteresses et des habitations, etc...»

Enfin, l'arrêté du conseil d'Etat, en date du 4 juin 1686, confirmait en ces termes l'acte de rétrocession par la Compagnie :

« Tout considéré, Sa Majesté étant en conseil, en conséquence de la renonciation faite par la

Compagnie des Indes-Orientales à la propriété et seigneurie de l'île de Madagascar, que Sa Majesté a agréée et approuvée, se réserve et réunit à son domaine ladite île de Madagascar, forts et habitations en dépendant, pour par Sa Majesté en disposer en toute propriété, seigneurie et justice. »

D'autres décrets et arrêtés de 1686 à 1721 sanctionnèrent de nouveau nos droits sur une île considérée de tout temps comme faisant partie intégrante de nos colonies. Avec des actes de souveraineté aussi positifs et aussi conformes aux principes de droit public, il n'est point possible de dédaigner les bénéfices d'une occupation militaire et coloniale dans des circonstances où tous nos établissements maritimes menacent d'être en péril.

Le règne honteux de Louis XV fut loin de seconder les efforts privés qui furent faits en 1768, après bien des alternatives de succès et de revers, en faveur de la colonisation de Madagascar. La guerre européenne de la succession d'Autriche avait fait éprouver à notre marine des pertes si sensibles que les Anglais purent attaquer nos colonies (1755) et piller trois cents navires français qui naviguaient sur la foi des traités. La *guerre de sept ans* fut aussi fatale à la France par la perte du Canada et de presque toutes nos possessions indiennes : les séductions de la marquise de Pompadour l'emportaient sur la politique d'Henri IV, de Richelieu, de Louis XIV et des conseils de Law qui poussait la France, déjà déshonorée par les vices de la Régence, vers la conquête d'un monde nouveau par l'application d'un système colonial qui n'était pas dépourvu de grandeur.

Tandis que l'Autriche, la Prusse et la Russie procédaient à l'inique partage de la Pologne (1772), la cour de Versailles, après des demandes réitérées, consentait à accorder le commandement d'une expédition à Madagascar au comte polonais Beniowski, récemment échappé d'une forteresse russe au Kamtschatka. Malgré les rivalités qui s'établirent entre lui et le gouverneur de l'Ile-de-France, le commandant réussit l'expédition; mais bientôt, cédant à l'attrait d'un pouvoir qui remplissait son âme d'ambition, il se fit proclamer roi de Madagascar, royauté éphémère que l'honnête administrateur, M. Etienne de Flacourt, avait déjà refusée en 1648. Beniowski mourut quelque temps après, victime de l'usurpation des pouvoirs qu'il tenait de la générosité de la France. Le traité de Versailles, de 1783, restitua à la nation française une partie de ses colonies perdues : l'Angleterre avait enfin reconnu l'indépendance des Etats-Unis et la restitution de nos colonies avait été le prix de notre traité d'alliance et de commerce avec les Etats indépendants de l'Amérique.

De grandes luttes se préparaient. La Révolution française portait dans les plis de son drapeau la liberté qui devait régénérer le monde; les devoirs d'une si grande tâche ne permirent point de donner une attention soutenue à nos intérêts près de Madagascar ; notre marine luttait héroïquement contre les forces navales de l'Angleterre, tandis que notre armée repoussait victorieusement l'invasion de la Germanie. La Convention, au milieu de ses terribles préoccupations, n'oublia pas Madagascar; Lescalier y fut envoyé, et son rapport établit la facilité et l'importance de la colonisation. Le Directoire, par l'expédition d'Egypte (1798), entreprise contre le commerce anglais au delà des mers, prouva l'intérêt qu'il attachait aux possessions coloniales et qu'il se souvenait des combats de l'Océan du 13 prairial (1er juin 1794). Il est certain qu'un peuple qui se règle sur les principes féconds de la solidarité humaine ne saurait être indifférent aux moyens d'assurer le libre échange des produits. La marine militaire et marchande, qui appelle les colonies, ne pouvait manquer de prendre une grande place au milieu des préoccupations politiques de la Révolution, si elle n'était tombée elle-même dans les mains d'un dictateur poussé par son propre génie vers les guerres continentales.

En 1801, M. Bory de Saint-Vincent, chargé d'une nouvelle exploration, démontra dans son rapport que Madagascar était la seule position militaire et commerciale qui pût assurer à la France la prospérité de ses colonies.

En 1804, le capitaine-général Decaen relève notre pavillon à Tamatave, devenu le siége des possessions françaises ; ce n'est qu'en 1811 que le commandant de cette place est obligé de céder devant les forces supérieures de la division navale d'Angleterre, notre ennemie, qui, après avoir fait détruire nos forts, s'empressa de rouvrir l'aire des sourdes menées pour entraver notre colonisation, en irritant et soulevant contre nous les naturels du pays.

La chute de Napoléon Ier, dont les fautes pèsent encore si lourdement sur notre patrie, mit le sceau à la fatalité qui rendait nos colonies impuissantes. En négligeant la mer qui devait faire sa force et sa gloire, la France perdit son influence et l'Angleterre aussitôt profita de ce que la mer des Indes n'était plus sillonnée par nos croisières pour nous ravir la station de l'Ile-de-France. Nous perdîmes aussi aux Antilles, dans cette calamiteuse année, Tabago et Sainte-Lucie. En 1811, nous cédâmes la Louisiane aux Etats-Unis de l'Amérique du Nord.

Le traité de Paris du 30 mai 1814 souleva de la part de sir Robert Farquhar, gouverneur anglais, une difficulté d'une interprétation césarienne qui ne tendait à rien moins qu'à faire considérer Madagascar comme une dépendance de l'île Maurice. Cependant le traité nous avait restitué, sauf des exceptions formellement stipulées, tout ce que nous possédions hors d'Europe en 1792, et Madagascar n'était pas au nombre des exceptions ; aussi le gouvernement anglais récusa-t-il l'absurde interprétation de son gouverneur, interprétation qui avait été combattue d'ailleurs avec beaucoup de fermeté par la France, et donna l'ordre, par une dépêche du 18 octobre 1816, d'évacuer les anciens établissements français occupés par les forces militaires de la Grande-Bretagne. Le pavillon français, signe de notre souveraineté, flotta de nouveau sur les côtes de la Grande-Terre. Le même gouvernement recommandait plus tard de ne s'emparer d'aucune partie de Madagascar, « des tentatives de ce genre pouvant donner ombrage au gouvernement d'une puissance amie » : c'était la reconnaissance implicite de nos droits traditionnels. L'Angleterre, en effet, n'est pas si oublieuse pour ne point se rappeler que de vastes relations avaient été créées à Madagascar par nos Compagnies; que nous y avions fondé des comptoirs, bâti des forts, obtenu des chefs du pays des concessions territoriales, et enfin l'acceptation de notre influence et de notre souveraineté.

En 1814, une commission dont faisait partie un ancien ministre de notre marine, M. le baron de Mackau, alors capitaine de frégate, avait été chargée d'explorer de nouveau la côte orientale; son rapport, comme tous les rapports précédents, avait confirmé les avantages de la colonisation. Les expéditions de Sylvain Roux en 1818 et 1821, celle du capitaine de vaisseau Courbeyre en 1829, prouvèrent que le gouvernement français n'admettait pas de prescription sur nos droits de souveraineté; mais, comme toujours, ces expéditions, condamnées d'avance à un échec certain, à cause de leur insuffisance, ne servirent qu'à montrer à l'étranger la faiblesse et l'irrésolution qui régnaient dans les conseils de la couronne. L'occupation de Nossi-Bé sur la côte nord-ouest, en 1841, ne suscita aucune réclamation du gouvernement anglais, bien que l'arrêté de prise de possession revendiquât notre souveraineté sur la grande île. Les flottes espagnoles, portugaises, hollandaises, ont cotoyé Madagascar pendant deux siècles sans faire acte de rivalité; chaque point du littoral indien a été ensanglanté par des luttes de conquête; les nations de l'Europe les plus jalouses de leur influence maritime ont constamment respecté nos droits, et nous aurions encore la faiblesse coupable d'abandonner nos prérogatives séculaires au hasard d'éventualités qui peuvent, demain, porter un coup mortel à notre commerce des colonies! Un pareil oubli de nos droits et de nos devoirs serait la honte éternelle de la marine française.

L'année 1810 avait été signalée à Madagascar par un événement d'une haute gravité : Radama, fils de Dianampoiene l'un des chefs malgaches les plus énergiques et les plus puissants, fut nommé roi des Hovas, parti influent de l'île. L'Angleterre, dès lors, réveilla toutes ses rancunes et n'épargna rien pour retourner contre nous la puissance de ce peuple. Si elle n'y réussit pas toujours au gré de ses désirs, ce n'est pas par le manque d'habileté de sa politique; c'est peut-être à cause de cette habileté même et son peu de franchise mises au service de secrets desseins, qui furent plus d'une fois déjoués par des Français dont nous dirons les noms parce qu'ils sont des gloires pures de la patrie. Radama Ier étant mort en 1828, la reine Ranavalo, sa veuve, lui succéda. L'avénement au trône de cette femme aux instincts sanguinaires, fut le signal d'une longue série de meurtres; et, jusqu'à sa mort, qui eut lieu le 16 août 1861, sa cruauté eut à son service l'appui de fer de son premier ministre et mari Rainijohary.

Sous le règne cruel de Ranavalo, les Français établis à Madagascar furent chassés du territoire que leur avait laissé Radama Ier, dans la baie de Vanatolée. L'un d'eux cependant, après une proscription de quatre ans, revint habiter, à quelques lieues de Tananive, une résidence qui fut un asile hospitalier pour tout ce qui porte au-delà des mers le culte sacré de la mère-patrie. Cette demeure était celle de M. Laborde, né à Auch (Gers), en 1806, et qu'un naufrage avait jeté en 1831 sur les côtes de l'île. Un riche négociant, M. Delastelle, recueillit M. Laborde, qui dota successivement Madagascar des ressources industrielles de l'Europe, d'une fonderie de canons, de verreries, de sucreries, de magnaneries, de forges, d'ateliers de toute sorte où s'exerçait son génie inventif. Les vastes connaissances qu'il possédait le firent bientôt remarquer de la cour à laquelle il fut appelé à rendre de grands services. Au point de vue du progrès moral, sa présence n'en fut pas moins utile, car le nombre des infortunés qu'il arracha au supplice du *tanghin* est fort considérable. Il devint le précepteur du prince Rakotond, fils unique de Ranavalo, qui puisa dans ses entretiens des sentiments de justice et de loyauté pour lesquels la nature avait merveilleusement préparé son âme. Aussi, cette culture morale et intellectuelle, œuvre tout entière de Laborde, que le jeune roi appelait du doux nom de père, fut, à l'avénement de son règne, qui succéda à celui de sa mère, un heureux retour vers l'humanité longtemps outragée.

Des correspondances privées nous ont appris que Rakotond aimait à parcourait les rues d'Emirne ou Tananarive, en costume d'officier français, écoutant les malheureux et leur venant en aide, répondant par des paroles sages et affectueuses aux justes requêtes de ses habitants. La *maison de pierre*, résidence royale, était le foyer d'où rayonnaient déjà fort au loin les idées de justice et d'émancipation. La douce affection qu'il inspirait autour de lui faisait de sa cour le rendez-vous des hommes de cœur et de volonté que la soif du bien tourmentait. C'est là surtout que nos compatriotes étaient accueillis avec une préférence marquée lorsque le roi s'entretenait avec eux des moyens les plus propres à faire le bonheur de ses sujets : « Il ne demandait pour lui-même, avait-il dit, ni trône, ni royauté ; il était prêt à renoncer par écrit à ses droits, et à vivre en simple particulier, s'il pouvait assurer par là le bien de son pays. » La célèbre voyageuse, Mme Ida

Pfeiffer, qui a pu entendre ces paroles, a raison de s'écrier : « Qu'un homme qui pense aussi noblement est plus grand que le plus puissant et le plus glorieux monarque de l'Europe. »

Le nom de Radama II se place ainsi dans l'histoire à côté du fils d'Olivier Cromwell, qui préféra vivre ignoré dans le pays dont il avait été le souverain, que d'ordonner le meurtre de quelques officiers qui s'opposaient à son élévation; de Christine, reine de Suède, abandonnant à vingt-sept ans sa couronne à Charles-Gustave pour se donner tout entière aux arts, aux lettres et à la philosophie; à côté enfin des rares souverains que l'ambition n'a pas tourmentés, et qui ont déposé leur couronne plutôt que de régner par la violence et le mépris des lois de l'humanité.

III

On n'est pas peu surpris de lire dans quelques notices historiques sur Madagascar que M. Guizot, favorable aux idées de l'occupation française, préparait une expédition sous les ordres du général Duvivier. La vérité est que M. Guizot combattit, au contraire, de toutes ses forces l'adresse faite au roi, en exécution de la loi du 22 avril 1843, par le conseil colonial de l'île Bourbon sur la colonisation de Madagascar, ainsi que les considérations élevées de son gouverneur, l'amiral de Hell, qui appuyait très vivement le vœu du conseil. Après une brève exposition de principes, renfermant cette conclusion légitime et évidente par elle-même, que, pour être sérieuse, toute colonisation doit être entreprise avec les éléments nécessaires du succès, et soutenue sans faiblesse par la métropole, l'ancien ministre de Louis-Philippe dit dans ses *Mémoires* : « J'étais opposé à toute entreprise de ce genre; nous avions bien assez d'une Algérie à conquérir et à coloniser... Nous écartâmes donc les projets de conquête de Madagascar, et nous les aurions écartés, quand même l'Angleterre ne s'en serait pas montrée inquiète et jalouse. Le roi, le cabinet et les Chambres étaient pleinement de mon avis.» (Tome VI, pages 273-274.)

On le voit, notre condescendance pour l'Angleterre et les soucis de l'occupation algérienne ajournaient une fois de plus la réalisation des vœux si souvent exprimés en faveur de la vieille colonie déshéritée. Ce que l'on a pris pour un acquiescement aux projets de colonisation, c'est sans doute la vive émotion que causa en France la loi de spoliation et de bannissement qui venait de frapper de rechef les Européens de l'île malgache. Les représentations faites au gouvernement d'Emirne pour des actes contraires à la dignité de notre pavillon ; les moyens de conciliation tentés près de Razakafidy, gouverneur de Tamatave, furent inutiles, et M. le capitaine de vaisseau Romain Desfossés, de concert avec le capitaine William Kelly, de la frégate anglaise *le Conway*, fut obligé de venger par un combat, livré le 15 juin 1845 à Tamatave, les violences et les déprédations exercées à l'égard de nos traitants. L'assaut des forts, tenté avec 300 combattants, fut sans doute une dure leçon pour les assiégés ; mais la grande supériorité de leur nombre rendit stériles et même regrettables de si faibles efforts, car des représailles cruelles ensanglantèrent, le lendemain, les rives de Tamatave.

Les intérêts de la France sous Radama II furent dignement représentés par un homme dont le nom doit être associé à celui de Laborde dans le juste tribut de reconnaissance qui est dû à leur dévouement infatigable : M. J. Lambert. Ce noble compatriote, né à Redon (Ille-et-Vilaine), en 1824, après avoir rendu au gouvernement de Madagascar des servives importants comme armateur, ne tarda pas à inspirer au roi une vive affection et une confiance qui devaient aboutir, quelques années plus tard, à une charte qui lui concédait l'exploitation des richesses minérales et forestières de l'île. Indépendamment de cet acte qui autorisait la formation d'une Compagnie industrielle capable de fortifier le pouvoir royal en déterminant dans l'île un grand mouvement civilisateur, un traité célèbre accordait à nos nationaux toutes les prérogatives des indigènes. Ils devenaient soumis à la juridiction consulaire et placés sous la protection de nos lois; toutes affaires industrielles, commerciales, achats d'immeubles, location, contrats de toute nature étaient garantis par notre convention. Celle-ci étendait en outre sa protection sur les Malgaches : pour eux, liberté de conscience, épreuve judiciaire par le poison abolie; protection du gouvernement français accordée à ceux qui s'engageraient au service des Français. La charte octroyée en 1861 fut signée en même temps que le traité, en séance solennelle, le 12 septembre 1862. M. le capitaine de vaisseau Dupré, commandant en chef la division fnavale des côtes orientales d'Afrique, transportait, l'année suivante, à bord de la frégate l'*Hermione*, une commission scientifique française, lorsqu'il fut avisé, au large de Tamatave, de l'assassinat du roi Radama II, accompli le 12 mai mai 1863 à Tananarive.

Cette révolution sanguinaire éleva au pouvoir des ministres dévoués à l'influence anglaise. Il paraît, d'après les rapports même du consul britannique, M. Pakenham, et des communications officielles de notre consul général, M. Laborde, qui dut retirer son pavillon, que le ministre anglican William Ellis avait pris une participation active aux événements qui venaient de s'accomplir. M. Ellis passait, depuis longtemps, pour un agent secret de la Grande-Bretagne. Ses nombreux voyages, ses luttes continuelles avec le consul anglais, ses réceptions particulières à la cour de Ranavalo, son aversion bien connue pour la France, et ses manœuvres occultes plusieurs fois déjouées, tout concourut à le signaler comme l'instigateur principal de cette révolution de palais.

Un des premiers actes du conseil ministériel de la veuve Rabodo, nommée reine de l'île sous le nom de Rasoherina, fut la dénonciation du traité français que l'on considéra comme non avenu. Malgré le caractère violent et tout révolutionnaire de cet acte politique, le gouvernement impérial eut la faiblesse d'abandonner les véritables intérêts de la nation qui exigeaient l'exécution fidèle et intégrale de la charte et du traité ; il consentit à se laisser dépouiller de ses nouveaux droits en négociant une indemnité pécuniaire qui dut singulièrement froisser le patriotisme des Français de Madagascar, de ceux qui, au mépris de leur ruine et de mille persécutions, avaient tout fait pour doter leur pays adoptif des bienfaits des peuples civilisés. Ce marché judaïque fixait la somme de 1,200,000 francs qui fut payée par les Hovas à Tamatave le 1er septembre 1865 ; comme il fallait désintéresser M. Lambert, propriétaire de la Charte, et solder les premiers frais de l'expédition scientifique conduite par le capitaine Dupré, la moitié à peine de cette somme fut encaissée par le Trésor.

Un fait capital s'est dégagé de cette révolution de palais, et l'histoire ne l'oubliera pas : le roi de Madagascar, Radama II, est mort le 12 mai 1863, victime de son refus d'obéir aux excitations de ministres jaloux et cruels, qui furent poussés secrètement à demander l'abrogation de la convention française et le retour à la politique barbare des Hovas. Il préféra la mort du martyr à la honte de manquer à la foie jurée et au respect qu'il professait pour les principes de la civilisation française. Le prix d'un tel sacrifice, l'Empire ne le comprit pas, et c'est là encore une des fautes considérables de la politique de ce gouvernement.

La colonisation de l'Algérie, malgré son organisation défectueuse, a toujours reçu de nous un ferme soutien; nous avons eu des expéditions sous toutes les latitudes : en Chine, en Cochinchine, au Mexique, et rien de sérieux n'a été tenté pour notre colonisation de Madagascar, de cette *France orientale*, comme elle a été justement appelée, sur laquelle nous possédons au moins des droits qui justifieraient tous nos sacrifices. On peut, avec raison, condamner l'esprit de conquête sur des peuples qui sont déliés de toute solidarité envers la France et vivent d'une vie politique indépendante ; mais il serait dangereux de ne plus se souvenir que nos anciennes possessions de Madagascar nous ont de tout temps créé une situation légale, exceptionnelle, qui fait l'envie de l'Angleterre. Ce n'est pas que les occasions favorables d'intervenir nous aient manqué ; jamais sollicitations plus pressantes ne furent faites par un peuple désireux d'obtenir justice contre la barbarie de ses propres institutions. Le prince Kakotond avait offert, en 1854, d'accepter le protectorat français ; M. Lambert reçut mission de le redemander l'année suivante. Les voyages de cet ambassadeur, les requêtes au gouverneur de l'Algérie, comme les lettres du prince malgache n'eurent aucun résultat ; l'instabilité de la politique des Tuileries n'infligea que des échecs aux propositions faites au nom du peuple malheureux et bien digne d'intérêt, cependant, qui implorait notre secours.

L'alliance anglo-française pendant la guerre de Crimée avait, dit-on, rendu impolitique notre intervention dans les affaires de Madagascar. Il faudra donc toujours payer l'amitié de l'Angleterre par le sacrifice de nos intérêts maritimes ? La triste expérience que nous avons faite aujourd'hui de sa magnanimité sera-t-elle enfin une leçon, et craindrons-nous encore de blesser ses susceptibilités en affermissant notre commerce dans le Levant, que menace la Russie, par la revendication effective des droits séculaires de la nation ?

Ne soyons pas nous-mêmes les artisans de notre ruine. Le moment est venu de relever la France coloniale de l'état d'infériorité où elle a été plongée ; la marine, condamnée à d'inutiles croisières pendant l'effroyable guerre allemande, doit reprendre les mâles traditions de son passé: en assurant une ère de paix et de liberté à notre commerce des Indes, elle ne peut oublier le rétablissement de nos anciennes colonies malgaches, arrosées si souvent du sang de nos soldats. Depuis le 16 août 1869, les eaux de la Méditerranée et de la mer Rouge s'unissent aux lacs Amers ; trois villes dont la population était insignifiante, Port-Saïd, Suez, Ismaïlia, sont déjà florissantes ; mais, chose remarquable, qui peint bien l'esprit des deux nations, les Anglais, qui avaient conspiré ouvertement contre l'entreprise toute française du canal maritime, ont été les premiers, dans la guerre d'Abyssinie, à bénéficier de ses avantages.

Sans entrer dans aucun développement sur la situation comparative des colonies françaises et anglaises, travail qui a été fait souvent et avec beaucoup de compétence, on peut dire que l'Angleterre a eu le talent d'échelonner ses établissements sur les côtes de chaque continent, et dans toutes les mers, dans des dispositions exceptionnellement favorables à sa marine. Pourquoi ne pas l'imiter; pourquoi encore négliger plus longtemps la superbe île de Madagascar, cette reine de l'Océan indien, qui mesure environ 500,000 kilomètres carrés, célébrée par tous les voyageurs, possédant de magnifiques ports, des baies comparables à celles de Rio-Janeiro, et un climat dont la douceur et la variété favorisent la culture des plantes les plus précieuses et les plus diverses? Ses ressources minérales, forestières et agricoles ont fait l'objet de documents et de travaux importants publiés en 1868 par les soins de M. le baron de Richemont, ancien gouverneur de la Compagnie de Madagascar, organisée aussitôt après la conclusion du traité du 12 septembre. La région australe, peu explorée et désignée, dans un récent *Bulletin de la Société de géographie*, comme étant la plus aride, est dit-on, d'un autre côté, une des plus fécondes en produits minéralogiques. Les immenses déserts de l'Australie n'ont pas empêché le rapide développement des colonies britanniques de New-South-Wales, de Queensland et de Victoria; les monts arides de Madagascar ne sauraient empêcher davantage la colonisation de ses campagnes si fertiles.

L'insalubrité du climat n'est manifeste que sur les côtes marécageuses de la partie orientale. Leur altitude étant très faible, les rivières s'ensablent à leurs embouchures ; les pluies périodiques forment dans les plaines des marais dont les exhalaisons, dans la saison chaude, sont presque aussi nuisibles aux indigènes qu'aux Européens. Ces causes d'insalubrité, que l'industrie peut conjurer, ne sauraient retarder la colonisation de l'île qui, partout ailleurs, offre la progression régulière de toutes les températures. Les marais fétides et les terrains d'alluvion rendaient bien plus malsaine la capitale des Indes néerlandaises, Batavia, surnommée en Océanie *Enoua maté*, la terre qui tue ; aujourd'hui qu'on a établi des canaux, desséche les marais et pris plus de soin de la santé publique, les fièvres javanaises sont devenues beaucoup plus rares, surtout bien moins dangereuses, et le commerce et la civilisation sont répandus dans l'archipel d'Asie.

Le climat des Antilles est bien plus funeste aux Européens que les fièvres intermittentes des régions paludéennes de l'île africaine. Dans certaines gorges des montagnes de la Norwège, de l'Écosse, de la Suisse, dans le Valais particulièment, l'idiotie endémique, constituant le crétinisme goîtreux, se développe sous l'influence de conditions géologiques et atmosphériques qui n'empêchent pas le pays d'être habité. Certaines contrées du littoral de la France ne sont pas exemptes des fièvres endémiques ; celles de la Charente-Inférieure ont à peu près disparu par l'application de bons systèmes d'irrigation et de défrichement. Enfin, le génie civilisateur n'a jamais reculé devant la fièvre.

Si tous les actes diplomatiques et maritimes ont réservé nos droits sur Madagascar sans trop de péril, à des époques où nos colonies ne couraient aucun danger, il n'en est pas de même aujourd'hui qu'elles sont menacées dans leur liberté commerciale, et peut-être leur existence, par les projets bien connus de la Russie. Si la flotte de cette puissante nation vient mouiller un jour dans les eaux de la mer Intérieure par suite de rapprochements ou d'alliances avec la Porte et le gouvernement britannique. à quels dangers ne seront pas exposées nos escadres dans l'immensité des mers qu'elles auront à traverser, sans station militaire, une fois qu'elles auront franchi le nouveau détroit de Suez! Peut-on affirmer que ce dernier sera toujours ouvert à notre marine? L'Angleterre n'est-elle pas assise d'une manière menaçente à Périm? La nécessité de relever nos anciens établissements de l'île malgache devient donc évidente au milieu des complications de la politique d'Orient, à laquelle elle est et restera indissolublement liée ; si cette nécessité n'est pas comprise aujourd'hui, la marine française est condamnée à des humiliations qui dépasseront en conséquences fatales tous les malheurs qui nous ont frappés.

La position avantageuse de Madagascar entre l'Europe, l'Asie, l'Afrique et l'Océanie, dominant le cap de Bonne-Espérance, le canal de Mozambique et le détroit de Bab-el-Mandeb, peut mettre en nos mains la clef des deux routes de l'Inde ; nous pouvons défendre et sanctionner avec l'autorité du droit public le plus légitime et le moins contesté notre occupation, et rendre féconds les principes constamment suivis par la France dans la politique orientale. La population de l'île s'élève à peine à trois millions d'habitants ; les dispositions morales des indigènes Sakalaves, Betsimitsarakes et Antankay, qui n'aspirent qu'à briser le joug tyrannique de leurs ennemis de race malaise, les Hovas, nous seraient bientôt acquises, si nous apportions à ces tributs les bienfaits d'une civilisation jusqu'ici méprisée par le gouvernement d'Emirne. Leur idolâtrie même n'oppose pas à la civilisation européenne les mêmes obstacles que la religion du Coran dans nos provinces d'Afrique.

Ce qui distingue surtout les tribus malgaches des tribus arabes, c'est l'esprit guerrier de ces dernières, fortifié par un fanatisme violent contre les chrétiens, tandis que les races malgaches, non seulement ne sont pas belliqueuses, mais elles sont au contraire d'une incroyable lâcheté devant le danger : c'est le rapport de tous les voyageurs. Les Hovas, qui occupent les provinces du centre et prétendent à la suprématie de l'île entière, sont le peuple le plus intelligent du pays ; ils sont eux-mêmes peu guerriers, mal armés, indisciplinés et cupides, à peine dominés par un fatalisme grossier et indifférent, qui ne laisse place dans l'âme à aucune des fortes passions qui rendent les hommes redoutables.

Depuis Saint-Vincent de Paul qui envoya en 1648 des missionnaires évangéliser les côtes de Madagascar, il est juste de reconnaître que la civilisation chrétienne a puissamment contribué, de son côté, à faire céder les Malgaches aux lois morales de la gravitation ; c'est grâce à son influence que les unions morganiques sont devenues plus rares, que la liberté individuelle est plus respectée, la propriété moins en péril. Enfin, malgré des actes de proscription et de violence exercés contre nos traitants ; malgré les outrages faits tant de fois à notre pavillon, il faut aussi rappeler que des patriotes éprouvés et généreux, tels que Laborde, le véritable fondateur dela civilisation malgache ; Lambert, et plus récemment Campan, notre vieil et courageux ami, neveu de Laborde, ont travaillé sans relâche à tenir droit et ferme, loin des fluctuations de la politique, le drapeau de la souveraineté nationale.

Quelle est aujourd'hui la récompense d'un pareil dévouement à la patrie? M. Lambert, après avoir fait sous l'Empire, à la cause de notre colonisation, le sacrifice de son immense fortune personnelle, a dû s'éloigner, accablé par la fatigue des voyages et le spectacle de notre indifférence; M. Laborde, ce vétéran de la colonisation, va trouver dans la suppression du consulat d'Emirne toutes les amertumes de l'exil; son neveu Campan, qui le soutenait depuis dix ans dans le ministère de ses difficiles fonctions en qualité de drogman-chancelier, a pris le chemin de l'Inde, accompagné de sa vieille mère, qui a voulu partager, malgré son grand âge, toutes les infortunes de son fils. Si la supression du consulat français est la conséquence de la réduction des 29 millions qui doit frapper le budget de notre marine, nous n'hésitons pas à déclarer que c'est là une économie dangereuse qui peut prendre demain les proportions d'une grande faute politique.

Après avoir refusé le protectorat, ce qui était l'abandon tacite de notre droit écrit ou traditionnel; après avoir accepté l'abrogation d'une convention revêtue de notre signature, au préjudice de la fortune publique et de l'influence civilisatrice de notre colonie, le gouvernement de l'Empereur a moralement consenti dans le traité négocié à Tanarive le 8 août 1868, par M. B. Garnier, à la renonciation de nos droits de propriété. En effet, l'article 14 de ce traité, écrit en langue malgache, mais dont la traduction a été faite récemment sous nos yeux, porte que les étrangers ne pourront acheter aucun immeuble, le sol étant considéré comme la propriété générale de la reine. Les préliminaires indiquent, d'ailleurs, que les conventions sont faites avec la *reine de Madagascar*, dont on accepte en droit la souveraineté, quoique celle-ci ne prenne date que de l'assassinat du dernier prince légitime.

Ainsi, le dernier résultat de la politique impériale au sujet de Madagascar aboutit à cette déclaration humiliante plusieurs fois écrite dans notre dernier traité d'amitié et de commerce : « *La France sera traitée comme les nations les plus favorisées* », privilége que, trois ans auparavant, le traité du 27 juillet 1865 accordait déjà à l'Angleterre.

Les rois de France, depuis Louis XIII, ont considéré l'île de Madagascar comme la garantie de nos établissements de l'Inde, et tous les actes de la chancellerie française, jusqu'à Napoléon III, contiennent la réserve de nos droits ; l'Empire seul a cru pouvoir les aliéner. La République, non moins soucieuse que la royauté de notre influence maritime, peut-elle accepter cette situation, ou bien doit-elle, pour effacer les traces d'un pareil abus de pouvoir, dénoncer le traité malgache de 1868 ? Il appartient au pays et au Président de la République, si profondément versé dans la connaissance de la politique orientale, de juger cette question qui intéresse aujourd'hui notre dignité et la sécurité de nos colonies.

Narbonne (Aude), le 1er mars 1872.

APPENDICE

L'occasion devient propice pour la dénonciation des traités.

Pendant l'impression de cette brochure, le *Cernéen* de l'île Maurice fournissait les détails suivants sur un conflit qui vient de s'élever entre le commandant de la station navale de la Réunion et le gouvernement de Madagascar :

Tout le caoutchouc de Tanariva, appartenant à la reine, avait été vendu à trois traitants français. L'un d'eux avait payé au fur et à mesure de la livraison, quand il s'aperçut qu'on le trompait sur le poids de la marchandise, lequel était augmenté par l'adjonction de matières étrangères. Il protesta; on répondit à sa proposition par l'envoi de 150 officiers et soldats, venant exiger le versement de la somme due. Ne pouvant résister, le Français, M. Ozoux, compta le solde. Parmi les pièces de 5 fr. empilées, il s'en trouvait quelques unes du premier empire, que le commandant refusa sous prétexte qu'elles n'avaient plus de valeur.

M. Ozoux offrit alors de laisser choisir les pièces, à la condition qu'il choisirait à son tour la marchandise. Il fut maltraité par les soldats qui l'enfermèrent chez lui sans aucune communication, et sans boire ni manger jusqu'au lendemain. Procès-verbal fut dressé par les traitants et envoyé au vice-consul de France, à Tamatave.

Le vice-consul arriva bientôt avec l'*Indre* et le d'*Assas*, et demanda satisfaction au commandant des Hovas, après avoir fait arborer le drapeau tricolore sur une maison, qui fut ainsi érigée en consulat de France.

Le commandant sortit de sa demeure avec ses troupes, musique en tête, et vint défiler devant le consulat de France sans saluer le pavillon ; puis, toujours dans le même ordre, les troupes se dirigèrent vers la douane où flotte le pavillon malgache, qu'elles saluèrent avant de se réunir en kabar.

Quelque temps après, les Hovas retournèrent du côté du consulat, et pénétrèrent dans l'enceinte, au bruit des fanfares.

Le commandant du d'*Assas* déclara alors aux Hovas qu'ils avaient insulté le pavillon français, et que le fait devait être porté devant la reine. Embarquant les traitants à son bord, il envoya à la capitale un courrier chargé d'un *ultimatum* et fixant un délai de vingt jours pour les satisfactions demandées. En même temps il se retira à Sainte-Marie pour attendre la réponse. La garnison de Tanariva a aussitôt été mise sur pied de guerre; une distribution d'armes et de munitions a été faite.

Ces faits ont jeté une vive inquiétude parmi les personnes qui ont des relations commerciales avec Madagascar, et qui en attendent le dénoûment.

Ces faits, dirons-nous à notre tour, sont la conséquence de la politique impériale qui a trahi dans la question malgache les véritables intérêts de la nation et rabaissé, aux yeux mêmes des Hovas, notre influence morale.

Extrait du dernier rapport politique de M. Disraéli, à Manchester, pour servir à l'histoire de la mission d'Odo Russell à Versailles :

Le prince Gortschakoff, croyant voir une opportunité, manifesta sa résolution de rompre le traité de Paris et d'en finir avec les conditions défavorables à la Russie qui avaient été le résultat de la guerre de Crimée.

Quel fut le premier mouvement de notre gouvernement, à cette annonce, c'est resté un mystère. Nous savons une chose, c'est qu'il choisit le diplomate du moment le plus en vue, et l'envoya au prince de Bismarck avec une déclaration portant que, si la Russie persistait dans la voie politique où elle semblait vouloir entrer, c'était la guerre avec l'Angleterre.

Eh bien, messieurs, il n'a pas la moindre chance que la Russie fasse la guerre à l'Angleterre, et il n'y a pas de nécessité, je le soutiens, que l'Angleterre entre en guerre contre la Russie.

Je crois ne pas me tromper en disant que le gouvernement russe est tout disposé à revenir sur ses pas, voyant qu'il faisait fausse route et se lançait imprudemment. Mais tout d'un coup le gouvernement de la reine, pour me servir d'une locution technique, jette par dessus bord son plénipotentiaire, et, au lieu de menacer de la guerre en cas de violation du traité de Paris, il acquiesce à des arrangements en vertu desquels la violation de ce traité doit être sanctionnée par l'Angleterre, et sous forme de congrès ; il se pose comme garantissant lui-même sa propre humiliation. Il est avéré que M. Odo Russell n'a pas fait erreur, attendu qu'il a été postérieurement choisi pour être l'ambassadeur de la reine près la cour la plus importante de l'Europe. (Ecoutez!) Messieurs, il est difficile de prévoir quelle sera la conséquence de cette faiblesse extraordinaire de la part du gouvernement britannique.

Déjà nous apprenons que Sébastopol va être fortifié de nouveau, et personne ne saurait douter que, dans un bref délai, la Russie se trouvera en possession de la domination complète de la mer Noire. (Ecoutez!) Le temps n'est pas éloigné, peut-être, où nous apprendrons la puissance de la Russie dans le golfe persique et l'effet que cette domination pourra produire sur les Etats de l'Angleterre et sur les colonies dont les produits deviennent chaque année de plus en plus une question de vie ou de mort pour nous. Ce sont là des questions qui assurément demandent à être étudiées et approfondies.

Paris. — Imprimerie Kugelmann, 13, rue du Helder.

www.ingramcontent.com/pod-product-compliance
Lightning Source LLC
LaVergne TN
LVHW050316030726
842520LV00005B/1626